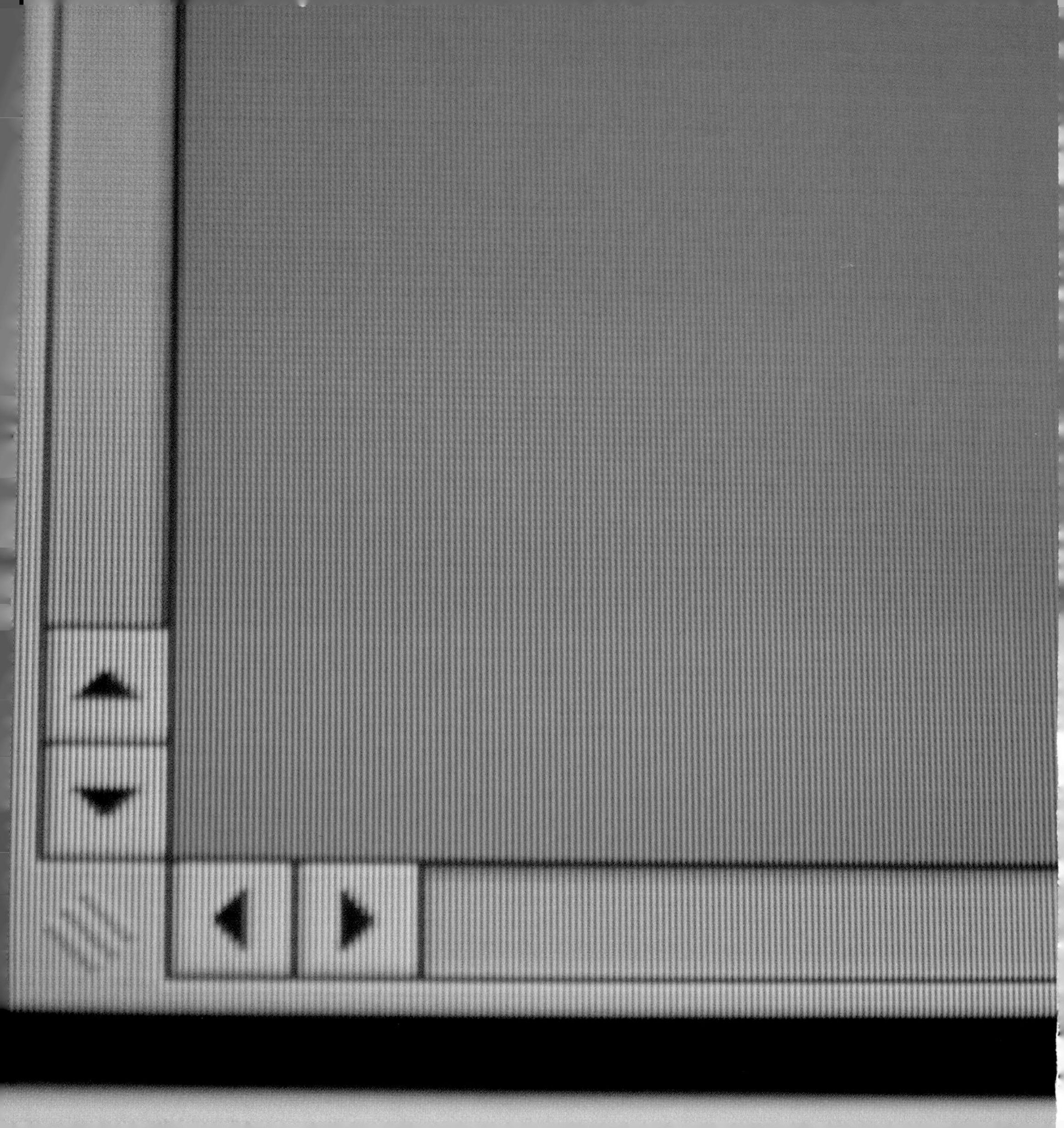

cook **up**!

Office **Food**

Cornelia Adam
Verena Böning

südwest

Einleitung

Sandwich, Tramezzini, Bagel und Co.

Salate

Warme Snacks

Energie

Es ist einfach so. Wir arbeiten. Fast jeden Tag. Ob beim Kopieren, Sortieren, Präsentieren, Zeitunglesen, Tüfteln, Meeten, ja selbst beim Nickerchen hinter dem Bildschirm, früher oder später kommt er: der Hunger. Bei jedem! Viele greifen mangels Vorbereitung zum Junk Food. Irgendwann verteilen sich die zwei Tafeln Schokolade und die Kekse zum Mittag direkt auf den Hüften, wo die übrigen Süßigkeiten der letzten Wochen und Jahre schon in ihrer ganzen Pracht versammelt sind. Der Magen wird langsam rebellisch, und der ganze Körper reagiert zunehmend mit Unmut über die unausgewogene Ernährung.

Ohne Energie läuft auch beim Menschen nichts. Wir haben viele Ideen für Sie zusammengestellt, damit Sie zukünftig ganz schnell, einfach und lecker wieder Kräfte für die zweite Tageshälfte sammeln können.
Wir wünschen gutes Gelingen und guten Appetit.

Die gute alte Stulle. Hat uns über Jahre durch den Tag gebracht. Eine wahnsinnige Erfindung. Meistens fünflagig: unten Brot, dann Butter, dann Wurst oder Marmelade, dann wieder Butter und Brot. Dieses Stullenerlebnis beim Kauen mit immer neuen Kombinationen aus den fünf Lagen. Großartig, erst die Rinde abbeißen und am Schluss die weiche Mitte.

Sandwich, Tramezzini, Bagel und Co.

Toastbrot mit Champignons

für 2 Personen
15 Minuten Zubereitungszeit

1 Schalotte	abziehen und fein hacken.
250 g Champignons	putzen und grob hacken. Die Schalotte in
1 EL Butter	dünsten. Die Champignons dazugeben und dünsten, bis fast alle Flüssigkeit verdampft ist. Mit
Salz und Pfeffer	würzen.
1/2 Bund Schnittlauch	waschen, trockenschütteln und in feine Röllchen schneiden. Die Champignons abkühlen lassen, den Schnittlauch und
4 EL weiche Butter	untermischen.
4 Scheiben Toastbrot	im Toaster rösten, 2 Scheiben gleichmäßig mit der Champignoncreme bestreichen, jeweils 1 Toastscheibe darauf setzen, etwas andrücken und die Sandwiches diagonal durchschneiden.

Vollkornbrot mit Gurken-Kresse-Creme

1/2 Gurke	waschen, schälen, halbieren und die Kerne mit einem Löffel herausschaben. Die Gurke auf einer Gemüsereibe fein raspeln, in ein Sieb geben und sehr gut ausdrücken.
150 g Doppelrahmfrischkäse	und
1 TL Sesamsamen	zu den Gurkenraspeln geben und mit
1 TL Zitronensaft	in einer Schüssel mischen. Von
1 Kästchen Kresse	die Kresseblättchen mit einer Küchenschere abschneiden, in die Schüssel geben und unterrühren. Mit
Salz und Pfeffer	würzen.
4 Scheiben Vollkornbrot	mit der Creme bestreichen.

für 2 Personen
15 Minuten Zubereitungszeit

für 2 Personen
20 Minuten Zubereitungszeit

Tramezzini mit Eiercreme

3 Eier	in 8 bis 10 Minuten hart kochen. Inzwischen
1 TL Kapern	und
3 Cornichons	fein hacken. Die Eier kalt abschrecken, pellen und abkühlen lassen. Mit dem Eierschneider einmal längs und einmal quer durchschneiden oder fein hacken.
2 EL Mayonnaise	und
1 TL mittelscharfen Senf	zusammen mit den Kapern und den Cornichons zu den Eiern geben und alles miteinander verrühren. Mit
Salz und Pfeffer	würzen. Die Eiercreme auf
2 Scheiben Toastbrot	streichen. Weitere
2 Scheiben Toastbrot	darauf setzen, etwas festdrücken und die Tramezzini einmal diagonal durchschneiden.

Roggenbrötchen mit
Salami und Pesto

50 g weiche Butter	mit
2 EL Pesto (Fertigprodukt)	mischen. Nach Belieben mit
Salz	abschmecken.
1 Minigurke	waschen und schräg in dickere Scheiben schneiden.
2 Roggenbrötchen	aufschneiden und mit der Pestocreme bestreichen. Die Brötchen abwechselnd mit Gurkenscheiben und
80 g Salami, in dünnen Scheiben	belegen.

für 2 Personen
10 Minuten Zubereitungszeit

Ciabatta mit Hähnchen und Avocadocreme

für 2 Personen
20 Minuten Zubereitungszeit

1 Hähnchenbrustfilet	in einer Pfanne in
1 EL Öl	rundum kräftig anbraten. Mit
Salz und Pfeffer	würzen und zugedeckt 10 Minuten durchziehen lassen. Dann abkühlen lassen.
1 Schalotte	abziehen und sehr fein hacken.
1 reife Avocado	längs halbieren, vom Kern befreien und schälen. Das Fruchtfleisch mit
1 TL Zitronensaft	mit einer Gabel grob zerdrücken und mit Salz und Pfeffer würzen.
1/2 Bund Basilikum	abbrausen, die Blätter abzupfen und mit der Küchenschere grob zerschneiden. Mit der Schalotte unter die Avocadomasse mischen. Das Hähnchenbrustfilet in dünne Scheiben schneiden.
2 Ciabattabrötchen	aufschneiden, mit der Avocadocreme bestreichen und das Hähnchenbrustfilet darauf verteilen.

für 2 Personen
10 Minuten Zubereitungszeit

Krustis mit Lachs und Meerrettichcreme

100 g Frischkäse	mit
2 TL Meerrettich (aus dem Glas)	und
etwas Zitronensaft	verrühren. Die Creme mit
Salz und Pfeffer	würzen.
25 g Feldsalat	waschen, putzen und mit Küchenpapier trockentupfen.
2 Krustis	aufschneiden und mit der Creme bestreichen. Zuerst den Feldsalat, dann
150 g Räucherlachs, in Scheiben	locker darauf verteilen.

für 1 Person
15 Minuten Zubereitungszeit

Ciabatta mit Korianderleber

150 g Geflügelleber	klein zerschneiden. In einer Pfanne in
1 EL Butter	3 Minuten kräftig braten und mit
Salz und Pfeffer	sowie
1 Messerspitze Cayennepfeffer	würzen.
Einige Zweige Koriander	abbrausen, die Blättchen abzupfen und hacken. Koriander und
2 EL Butter	unter die Leber mischen.
1 Ciabattabrötchen	aufschneiden und mit der Lebermischung bestreichen.

Minibaguette mit Parmaschinken und Rucola

1/2 Bund Rucola	abbrausen und die Stiele abzupfen.
1 Tomate	waschen und ohne Stielansatz in Scheiben schneiden.
2 EL Mayonnaise	mit
1 EL Senf	verrühren.
1 Minibaguette	aufschneiden und mit der Senfmayonnaise bestreichen. Erst mit den Rucolablättern, dann mit den Tomatenscheiben belegen, zum Schluss
100 g Parmaschinken, in dünnen Scheiben	locker darauf verteilen.

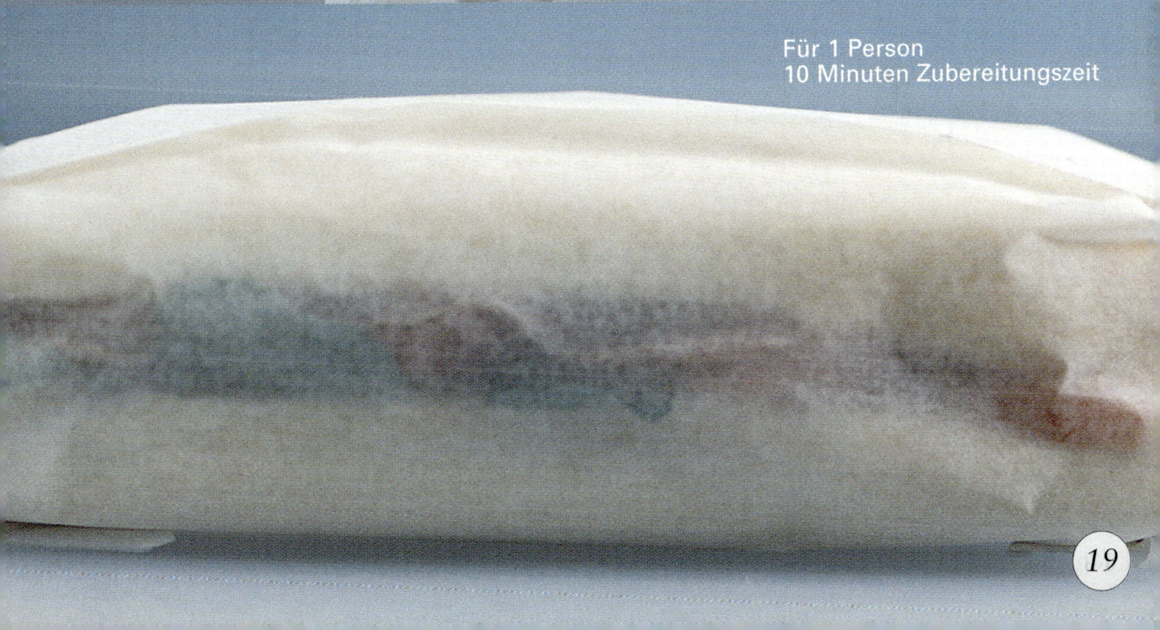

Für 1 Person
10 Minuten Zubereitungszeit

Für 1 Person
15 Minuten Zubereitungszeit

1 Dose Thunfisch, im eigenen Saft	in einem Sieb gut abtropfen lassen.
1 Schalotte	abziehen und grob zerkleinern. Die Blättchen von
1/2 Bund Basilikum	abzupfen. Alles zusammen mit
1 TL Zitronensaft	im Mixer fein pürieren und mit
Salz und Pfeffer	würzen.
1 Tomate	waschen und ohne Stielansatz in dickere Scheiben schneiden.
1 Bagel	aufschneiden.
1 EL Butter	in einer Pfanne schmelzen lassen und den Bagel mit der Schnittfläche nach unten darin anrösten. Herausnehmen und mit der Thunfischmasse bestreichen. Die Tomatenscheiben darauf verteilen.

Bagel mit Thunfischcreme

Gemüse-Parmesan-Sandwich

2 kleine Möhren	waschen, schälen und auf einer Gemüsereibe fein raspeln.
1 kleine Frühlingszwiebel	waschen, putzen und in sehr feine Ringe schneiden.
150 g Frischkäse	mit
1 TL Sahne	und
1 EL Parmesan, frisch gerieben	verrühren. Die geraspelten Möhren und die Frühlingszwiebel untermischen. Mit
Salz und Pfeffer	abschmecken.
2 Scheiben Vollkornbrot	mit der Masse bestreichen, weitere
2 Scheiben Vollkornbrot	darauf legen und andrücken. Das Sandwich nach Belieben diagonal durchschneiden.

für 2 Personen
15 Minuten Zubereitungszeit

Minibaguette mit
Roquefort und Feige

für 1 Person
10 Minuten Zubereitungszeit

150 g Roquefort	auf einen Teller geben und mit der Gabel zerdrücken, dabei
3 EL weiche Butter	untermischen. Mit
Salz und Pfeffer	und
1 Prise Muskatnuss, frisch gerieben	würzen.
1 frische Feige	mit Küchenpapier abreiben und mit einem scharfen Messer in Scheiben schneiden.
1 Minibaguette	aufschneiden, mit der Käsecreme bestreichen und die Feigenscheiben schuppenartig darauf legen.

für 2 Personen
15 Minuten Zubereitungszeit

Minibaguette mit
Dillbutter und Forelle

1 geräuchertes Forellenfilet (ca. 200 g)	in kleine Stücke schneiden, mit
1 TL Zitronensaft	beträufeln und kurz ziehen lassen.
1 Bund Dill	abbrausen, die Spitzen abzupfen und mit
1 TL Kapern	fein hacken. Dill, Kapern und
1 EL weiche Butter	vermischen und mit
Salz und Pfeffer	würzen.
1 Minigurke	waschen, abtrocknen und schräg in Scheiben schneiden.
2 Minibaguettes	aufschneiden und mit der Butter bestreichen. Erst mit den Gurkenscheiben, dann mit dem in Stücke geschnittenen Forellenfilet belegen.

Schon nach 15 Uhr. Das Telefon klingelt schon wieder.

Ununterbrochen! Keine Ruhe, um den eigentlichen Job zu machen.
Mein Magen knurrt, würde mich auch anrufen, wenn er könnte. Ich habe keine Zeit dafür.
Die Kekse lassen mich die nächste Stunde überbrücken.
Ist es eigentlich ein Phänomen unserer Zeit, die Grundbedürfnisse domestizieren und in unseren Zeitplan pressen zu wollen?

Salate

Alles eine Frage der Organisation, wie so oft. Der Schlüssel kann in den Salaten liegen. (Ist das gesund? Legen Sie ihn besser nicht in die Salate.) Der große Vorteil: Die schmecken kalt sehr gut und am nächsten Tag noch besser. Am übernächsten auch. Sie krümeln nicht und lassen sich im Ausnahmefall sogar direkt am Arbeitsplatz verzehren. Vielleicht sollte dann kurz das Telefon abgestellt werden. Es sei denn, die wollten immer schon herausfinden, ob Sie Ihren Namen auch mit vollem Mund verständlich aussprechen können …

Thunfischsalat mit Nektarine

für 2 Personen
10 Minuten Zubereitungszeit

1 Dose Thunfisch, im eigenen Saft	abgießen, in eine Schüssel geben und mit der Gabel zerpflücken.
1 reife Nektarine	waschen, halbieren, vom Stein befreien und das Fruchtfleisch in kleine Würfel schneiden.
1 kleine Zwiebel	abziehen, fein hacken und mit den Nektarinenwürfeln zum Thunfisch geben.
Saft von 1/2 Zitrone	und
3 EL geröstetes Sesamöl	in einer kleinen Schüssel verrühren. Mit
1 Prise Currypulver	sowie
Salz und Pfeffer	würzen. Die Sauce über die Salatzutaten gießen, gut umrühren und nach Belieben nachwürzen. Dazu schmecken
Reiswaffeln	sehr gut.

Rote-Bete-Salat
mit Kassler

500 g Rote Bete, vakuumverpackt	in ca. 1 Zentimeter große Würfel schneiden und in eine Schüssel geben.
3 EL Aceto balsamico	und
3 EL Olivenöl	mit
Salz und Pfeffer	gut verrühren, über die Rote Bete gießen und kurz ziehen lassen.
1 Frühlingszwiebel	waschen, putzen und in schmale Ringe schneiden.
100 g Kassler am Stück	klein würfeln. Beides zu den Rote Bete geben, gut mischen und nach Belieben erneut abschmecken. Dazu schmeckt
Bauernbrot	mit
Kräuterbutter	am besten.

für 2 Personen
15 Minuten Zubereitungszeit

Reissalat mit Zucchini und Mais

125 g Schnellkochreis	mit
1 Prise Currypulver	in kochendem
Salzwasser	nach Packungsangabe kochen. In ein Sieb abschütten, kalt abschrecken, abtropfen und auskühlen lassen. Inzwischen
2 kleine Zucchini (ca. 220 g)	waschen, putzen und grob raspeln. Zusammen mit
285 g Mais (1 kleine Dose)	unter den Reis mischen.
Saft von 1/2 Zitrone	mit
3 EL Olivenöl	sowie
1 Messerspitze Cayennepfeffer	und
Salz und Pfeffer	gut verrühren. Die Sauce über die Zutaten gießen und alles miteinander vermischen.

für 1–2 Personen
20 Minuten Zubereitungszeit

1 Rinderfiletsteak (ca. 200 g)	in 1 Zentimeter große Würfel schneiden.
2 EL Olivenöl	erhitzen und das Fleisch knapp 5 Minuten darin anbraten.
1 Prise Kreuzkümmel	und
1 Messerspitze Cayennepfeffer	sowie
1 TL mildes Paprikapulver	dazugeben und das Ganze mit
Salz und Pfeffer	abschmecken. Die Fleischwürfel abkühlen lassen und in eine Schüssel geben.
250 g Cocktailtomaten	waschen, halbieren und dazugeben.
1 Frühlingszwiebel	waschen, putzen und in schmale Ringe schneiden.
50 g kleine schwarze Oliven	zusammen mit der Frühlingszwiebel in die Schüssel geben.
2 EL Sherryessig	mit
3 EL Olivenöl	sowie Salz und Pfeffer nach Belieben verrühren, über die Zutaten gießen und alles vermischen. Dazu passt
Ciabattabrot	sehr gut.

Orientalischer Fleischsalat

für 1–2 Personen
15 Minuten Zubereitungszeit

Sommersalat mit Garnelen

1 kleine Gurke	waschen, schälen und in kleine Würfel schneiden.
1 Bund Rucola	abbrausen, putzen und grob hacken.
250 g Tomaten	waschen und ohne die Stielansätze achteln. Alles mit
100 g Tiefseegarnelen, gegart und geschält	in eine Schüssel geben.
3 EL Olivenöl	mit
2 EL Sherryessig	und
1 EL Pesto	verrühren und mit
Salz und Pfeffer	abschmecken. Die Salatsauce über die Zutaten gießen, alles vermischen und eventuell erneut abschmecken. Dazu passt
geröstetes Toastbrot	sehr gut.

für 2 Personen
10 Minuten Zubereitungszeit

Artischockensalat mit Kabanossi

200 g Kabanossi	in dünne Scheiben schneiden.
1 EL Olivenöl	in einer Pfanne erhitzen, die Kabanossi darin 5 Minuten anbraten und abkühlen lassen.
400 g Artischockenherzen (aus der Dose)	gut abtropfen lassen.
1 Bund Schnittlauch	waschen und in kleine Röllchen schneiden.
2 EL Rotweinessig	mit
1/2 TL scharfem Senf	verrühren.
Salz und Pfeffer	und
4 EL Olivenöl	dazugeben und alles kräftig miteinander verrühren. Die Sauce zu den restlichen Zutaten geben und verrühren.

für 1–2 Personen
10 Minuten Zubereitungszeit

Pastasalat mit Garnelen

150 g Gabelspaghetti	in kochendem
Salzwasser	nach Packungsanweisung al dente kochen. In ein Sieb geben, kalt abschrecken, sehr gut abtropfen lassen und in eine Schüssel geben.
1 kleine Zwiebel	abziehen und fein hacken.
1 Bund Rucola	abbrausen, von den dicken Stielen befreien und grob hacken. Zusammen mit der Zwiebel und
150 g Tiefseegarnelen, gegart und geschält	zu den Spaghetti geben.
Saft von 1/2 Zitrone	mit
3 EL Olivenöl	sowie
Salz und Pfeffer	gut verrühren, über die Salatzutaten gießen und mischen.

für 1–2 Personen
15 Minuten Zubereitungszeit

Romanescosalat mit Salami und Parmesansauce

1 Kopf Romanesco (grüner Blumenkohl)	waschen, putzen, in kleine Röschen teilen und in kochendem
Salzwasser	ca. 5 Minuten garen. In einem Sieb eiskalt abschrecken und gut abtropfen lassen.
50 g Salami, am Stück	in kleine Würfel schneiden und mit dem Romanesco in eine Schüssel geben.
3 EL Olivenöl	mit
3 EL Aceto balsamico	und
Salz und Pfeffer	verrühren.
2 EL Parmesan, frisch gerieben	dazugeben.
1/2 Bund Basilikum	abbrausen, die Blättchen abzupfen und unter den Salat heben.

für 1–2 Personen
15 Minuten Zubereitungszeit

Eiersalat
mit Kräutern und Kapern

4 Eier	in 10 Minuten hart kochen. Inzwischen
1 Minigurke	waschen, schälen, klein würfeln und in eine Schüssel geben.
1 kleine Schalotte	abziehen, mit
1 EL Kapern	fein hacken und dazugeben. Die Eier kalt abschrecken, pellen und grob hacken.
1 Bund Schnittlauch	abbrausen und in kleine Röllchen schneiden. Mit den Eiern in die Schüssel geben. Von
1 Kästchen Kresse	die Blättchen mit einer Küchenschere abschneiden und zu den restlichen Zutaten geben.
100 g Sauerrahm	mit
1 TL Kräutersenf	sowie
2 EL Apfelessig	und
1 EL Öl	verrühren. Mit
Salz und Pfeffer	kräftig würzen. Die Sauce über die Salatzutaten gießen, alles vermischen und eventuell erneut abschmecken. Dazu passt ein
Vollkornbaguette	sehr gut.

für 2 Personen
15 Minuten Zubereitungszeit

für 1–2 Personen
15 Minuten Zubereitungszeit

Farfallesalat mit
Pute und Basilikum

200 g Farfalle	nach Packungsanweisung in
Salzwasser	al dente garen. In einem Sieb gut abtropfen lassen.
1 Putenschnitzel (ca. 150 g)	in kleine Würfel schneiden und in einer Pfanne in
1 EL Olivenöl	3 Minuten anbraten. Dabei mit
Salz und Pfeffer	würzen.
150 g Cocktailtomaten	waschen und halbieren.
1 Bund Basilikum	abbrausen, die Blättchen abzupfen und grob hacken. Nudeln, Putenwürfel, Cocktailtomaten und Basilikum in eine Schüssel geben. Aus dem
Saft von 1/2 Zitrone	und
3 EL Olivenöl	sowie Salz und Pfeffer eine Salatsauce rühren, über die Zutaten gießen und alles gut vermischen.

für 2 Personen
10 Minuten Zubereitungszeit

Salat mit Roastbeef und Koriander

200 g gegartes Roastbeef, aufgeschnitten	in schmale Streifen schneiden und in eine Schüssel geben.
250 g Cocktailtomaten	waschen, halbieren und dazugeben.
1 kleine Zwiebel	abziehen, fein hacken und zufügen.
1/2 Bund Koriander	abbrausen, die Blättchen abzupfen und in die Schüssel geben.
3 EL Aceto balsamico	mit
3 EL Olivenöl	sowie
Salz und Pfeffer	und
1 Messerspitze Cayennepfeffer	verrühren, über die Salatzutaten gießen und alles gut vermischen. Dazu passt ein
Roggenbrötchen	sehr gut.

für 1–2 Personen
15 Minuten Zubereitungszeit

Salat mit Pute und Gurke

250 g Putenschinken, aufgeschnitten	in sehr schmale Streifen schneiden und in eine Schüssel geben.
1/2 Bund Radieschen	waschen und putzen.
1 Minigurke	waschen und schälen. Radieschen und Gurke auf einer Gemüsereibe grob raspeln und in die Schüssel geben.
2 EL Essig	mit
3 EL Öl	und
1 TL süßem Senf	sowie
Salz und Pfeffer	in einen Rührbecher geben und mit dem Mixstab zu einer cremigen Sauce aufschlagen. Über die Zutaten in die Schüssel gießen und alles mischen.
Brezeln	schmecken sehr gut dazu,

Gurkensalat mit Forelle

für 2 Personen
15 Minuten Zubereitungszeit

1 kleine Gurke waschen, schälen, längs halbieren und die Kerne mit einem Löffel herausschaben. Die Gurke in etwa 1/2 Zentimeter breite Stücke schneiden und in eine Schüssel geben.

1 kleine Schalotte abziehen, fein hacken und dazugeben.

2 Forellenfilets, geräuchert klein schneiden und dazugeben. Von

1 Kästchen Kresse die Blättchen mit einer Küchenschere abschneiden, abbrausen und in die Schüssel geben.

2 EL Aceto balsamico mit

3 EL Olivenöl sowie

Salz und Pfeffer verrühren, über die Salatzutaten gießen und alles miteinander vermischen.

Gemüsesalat mit
Feta und Oliven

2 Möhren	waschen und schälen.
250 g Zucchini	waschen und putzen. Möhren und Zucchini auf einer Gemüsereibe grob raspeln und in eine Schüssel geben.
1 große rote Paprikaschote	waschen, Trennwände und Kerne entfernen. Das Fruchtfleisch klein würfeln und dazugeben.
150 g Feta	in kleine Würfel schneiden und zu dem Gemüse geben.
3 EL Aceto balsamico	mit
4 EL Olivenöl	sowie
Salz und Pfeffer	verrühren und die Sauce über die Zutaten gießen.
1 TL frischer Oregano	und
50 g schwarze entsteinte Oliven	zufügen und alles mischen.
Reiswaffeln	passen sehr gut dazu.

für 2 Personen
15 Minuten Zubereitungszeit

für 1–2 Personen
20 Minuten Zubereitungszeit

Geflügelsalat mit Ananas

2 Hähnchenbrustfilets	in einer Pfanne in
1 EL Öl	rundum anbraten, dann zugedeckt in 10 Minuten gar ziehen lassen. Mit
Salz und Pfeffer	würzen und abkühlen lassen.
1 Babyananas	vierteln, schälen und das Fruchtfleisch in kleine Würfel schneiden.
1/2 Bund Petersilie	waschen, die Blättchen abzupfen und klein hacken. Die Hähnchenbrustfilets längs halbieren, in kleine Stücke schneiden und mit der Ananas und der Petersilie in eine Schüssel geben.
3 EL Olivenöl	mit dem
Saft von 1/2 Zitrone	sowie Salz und Pfeffer verrühren.
1 Messerspitze Cayennepfeffer	und
1/2 TL Currypulver	zugeben und gut vermischen. Die Sauce über die Salatzutaten gießen und umrühren.
Getoastetes Baguette	passt am besten dazu.

Zuckerschotensalat mit Schillerlocken

250 g Zuckerschoten	waschen und putzen. In kochendem
Salzwasser	etwa 1 Minute blanchieren. In einem Sieb eiskalt abbrausen und abtropfen lassen.
3 EL Weißweinessig	und
1/2 TL Dijonsenf	miteinander verrühren und mit
3 EL Öl	sowie
Salz und Pfeffer	vermischen.
250 g Schillerlocken (Räucherfisch)	in Scheiben schneiden und mit den Zuckerschoten in eine Schüssel geben. Die Sauce dazugießen und alles vermischen.
1/2 Bund Schnittlauch	abbrausen, in Röllchen schneiden und unterheben. Dazu passt
Bauernbrot mit Kräuterbutter	sehr gut.

für 2 Personen
10 Minuten Zubereitungszeit

Nach einer bestimmten Zeit sind die Batterien leer. Einfach leer. Die Gedanken drehen sich im Kreis. Ihnen fällt nichts mehr ein. Auch die einfachsten Sachen gehen daneben. Es macht Sie wahnsinnig, Sie werden nämlich proportional zu Ihrer zunehmenden Unfähigkeit auch immer ungeduldiger. Wo war gleich noch mal der Sinn Ihres neu entwickelten Produkts? Der Magen ist leer, knurrt und weiß die Antwort auch nicht... Genau, das Produkt war besonders neu... nein, nein, nein... es ist besonders... ähh... digital... ja genau... total digital... aber eigentlich sind alle diese Produkte digital... Gibt es digitaler als digital?... Vielleicht trivial??.. Nützt ja alles nichts. Machen Sie eine Pause. Manchmal braucht der Körper eine Stunde Pause, mal abschalten, neue Kraft tanken, was Warmes in den Magen:

Warme Snacks

Gemüsesuppe mit
Curry und Krabben

für 2 Personen
40 Minuten Zubereitungszeit

250 g Zucchini	waschen und putzen.
250 g Möhren	waschen, schälen und mit den Zucchini grob raspeln.
2 Frühlingszwiebeln	waschen, putzen und in Ringe schneiden.
1 EL Öl	in einem Topf erhitzen und Zucchini, Möhren und Frühlingszwiebeln andünsten. Mit
1/2 l Gemüsebrühe	aufgießen, aufkochen und gut 5 Minuten bei kleiner Hitze kochen lassen.
1/2 Bund Schnittlauch	waschen und in Röllchen schneiden.
1 TL Currypulver	und
1 Prise Muskatnuss, frisch gerieben	sowie
1 TL Zitronensaft	zu dem Gemüse geben und das Ganze mit
Salz und Pfeffer	abschmecken.
100 g Grönlandkrabben, gegart und geschält	untermischen, erwärmen und zum Schluss den Schnittlauch einstreuen.

für 1–2 Personen
30 Minuten Zubereitungszeit

Kartoffel-Möhren-Cremesuppe

300 g mehlig kochende Kartoffeln	und
250 g Möhren	waschen, schälen und in grobe Würfel schneiden.
1 kleine Zwiebel	abziehen und fein hacken.
1 Stück Ingwer (ca. 1 cm)	schälen und in feine Würfel hacken.
2 EL Butter	in einem Topf erhitzen. Die Zwiebel darin glasig dünsten. Ingwer, Kartoffeln und Möhren zugeben und alles kurz andünsten. Mit
1 Prise Muskatnuss, frisch gerieben	und
Salz und Pfeffer	würzen.
1/2 l Gemüsebrühe	angießen und 15 Minuten bei kleiner Hitze zugedeckt kochen lassen. Das Gemüse mit dem Mixstab pürieren.
2 EL Crème fraîche	und
2 EL Orangensaft	zugeben und umrühren. Nach Belieben die Suppe mit
2 TL Sesamsamen	bestreuen.

Mediterrane
Tomatensuppe

für 1–2 Personen
15 Minuten Zubereitungszeit

50 g Salami, am Stück	klein würfeln.
1 kleine Zwiebel	abziehen und fein hacken. Beides in einem Topf in
1 EL Olivenöl	3 Minuten dünsten.
1 Dose Tomaten (400 g)	dazugeben und mit einer Gabel zerdrücken. Die Tomaten 10 Minuten bei kleiner Hitze kochen lassen. Mit
Salz und Pfeffer	sowie
1 Messerspitze Cayennepfeffer	würzen.
50 g schwarze entsteinte Oliven	grob hacken und in die Tomatensuppe geben.
1/2 Bund Basilikum	abbrausen, die Blättchen abzupfen, fein hacken und zum Schluss in die Suppe streuen. Die Tomatensuppe nach Belieben abschmecken.

1 Putenschnitzel (ca. 150 g)	in Würfel schneiden.
1 dünne Stange Porree	putzen, waschen und in dünne Ringe schneiden.
250 g Zucchini	waschen und putzen.
2 Möhren	waschen, schälen und zusammen mit den Zucchini in Scheiben hobeln.
2 Stangen Staudensellerie	waschen, putzen und in Scheiben schneiden.
2 EL Öl	in einem Topf erhitzen und die Putenwürfel darin anbraten. Mit
Salz und Pfeffer	würzen. Die Fleischwürfel herausnehmen und beiseite stellen. Das Gemüse im verbliebenen Öl andünsten. Mit
1/2 l Gemüsebrühe	aufgießen. Aufkochen und 10 Minuten zugedeckt bei kleiner Hitze kochen lassen. Nach 5 Minuten die Putenwürfel dazugeben und alles nach Belieben abschmecken.
Olivenciabatta	passt gut dazu.

Putentopf mit Gemüse

für 2 Personen
20 Minuten Zubereitungszeit

Fleischtopf mit Artischocken

250 g Schweinefilet	in 1 Zentimeter große Würfel schneiden.
1 kleine Zwiebel	abziehen und fein hacken.
1 Fleischtomate	mit kochendem Wasser überbrühen, häuten und das Fruchtfleisch ohne den Stielansatz grob hacken.
1 Dose Artischockenherzen	in einem Sieb abgießen und vierteln.
2 EL Olivenöl	in einem Topf erhitzen und das Fleisch darin anbraten. Die Zwiebel dazugeben und kurz andünsten. Artischockenherzen zufügen und das Ganze mit
1/2 TL frischen Thymian	sowie
Salz und Pfeffer	würzen.
1/2 l Fleischbrühe	aufgießen und 10 Minuten bei kleiner Hitze leicht kochen lassen.
1/2 Bund Petersilie	waschen, die Blättchen abzupfen und fein hacken. Den Fleischtopf abschmecken und die Petersilie untermischen.

für 1–2 Personen
30 Minuten Zubereitungszeit

für 1–2 Personen
25 Minuten Zubereitungszeit

Gemüse-Reis-Pfanne mit Tofu

125 g Schnellkochreis	in
Salzwasser	nach Packungsaufschrift garen und in einem Sieb abtropfen lassen.
150 g Austernpilze	putzen, abbrausen und klein schneiden.
1 kleine Zwiebel	abziehen und fein hacken.
1 große rote Paprikaschote	waschen, Kerne und Trennwände entfernen und das Fruchtfleisch klein würfeln.
3 EL Olivenöl	in einer großen Pfanne erhitzen. Zwiebel, Paprika und Austernpilze darin 10 Minuten dünsten.
200 g Räuchertofu	in Würfel schneiden.
3 EL Pesto	mit dem Reis und dem Tofu unterrühren und alles mit
Salz und Pfeffer	würzen.

Hähnchenpfanne mit Zucchini

für 1–2 Personen
20 Minuten Zubereitungszeit

1 Hähnchenbrustfilet	in Streifen schneiden.
250 g Zucchini	waschen, putzen und in Scheiben hobeln.
1 Frühlingszwiebel	waschen, putzen und in feine Ringe schneiden.
3 EL Olivenöl	in einer Pfanne erhitzen. Die Hähnchenstreifen darin anbraten, Frühlingszwiebel und Zucchini dazugeben. Mit
Salz und Pfeffer	würzen.
1/2 Zitrone	auspressen und den Saft mit
2 EL Honig	und
100 ml Gemüsebrühe	sowie
1 TL Oregano	verrühren und untermischen. 10 Minuten zugedeckt garen.
1/2 Bund Rucola	waschen, grob hacken, untermischen und abschmecken. Schmeckt zu
Baguette oder Reis	sehr gut.

Fusilli mit Garnelen und Spinat

150 g Tiefseegarnelen, gegart und geschält in einer Schüssel mit
2 EL Zitronensaft beträufeln.
Salz und Pfeffer darüber streuen und mischen.
150 g Blattspinat, tiefgekühlt in
1 EL Butter 10 Minuten dünsten. Mit Salz, Pfeffer und
1 Prise Muskatnuss würzen.
150 g Fusilli in reichlich Salzwasser nach Packungsaufschrift in etwa 8 Minuten al dente garen.
4 EL Crème fraîche mit den Garnelen unter den Spinat mischen und abschmecken. Die Fusilli in einem Sieb gut abtropfen lassen und mit dem Spinat mischen. Dazu schmeckt ein
Salat aus Kirschtomaten sehr gut.

für 1–2 Personen
20 Minuten Zubereitungszeit

Gnocchi
mit Champignons

für 1–2 Personen
20 Minuten Zubereitungszeit

250 g Champignons	putzen und in Scheiben schneiden.
1 Schalotte	abziehen und fein hacken.
2 EL Olivenöl	in einer Pfanne erhitzen. Schalotte und Pilze darin anbraten.
1/2 TL frischer Oregano	zugeben und die Pilze mit
Salz und Pfeffer	würzen.
250 ml passierte Tomaten	unterrühren und das Ganze zugedeckt knapp 10 Minuten bei schwacher Hitze schmoren lassen.
250 g Kartoffelgnocchi (Kühlregal)	in Salzwasser nach Packungsanleitung kochen. Die Sauce abschmecken. Die Gnocchi in einem Sieb abgießen und gut abtropfen lassen. Zusammen mit der Sauce anrichten und mit
2 TL Parmesan	bestreuen. Dazu passt
Rucolasalat an einer Vinaigrette	sehr gut.

Penne mit Thunfisch-Kapern-Sauce

1 Dose Thunfisch, im eigenen Saft	abgießen und mit der Gabel zerpflücken.
1 kleine Zwiebel	abziehen und fein hacken. In
1 EL Olivenöl	andünsten.
250 ml passierte Tomaten	mit dem Thunfisch dazugeben.
3 EL Kapern	untermischen und das Ganze knapp 10 Minuten bei kleiner Hitze kochen lassen. Mit
Salz und Pfeffer	würzen.
150 g Penne	in Salzwasser nach Packungsaufschrift al dente kochen, in ein Sieb abgießen und abtropfen lassen. Die Sauce darüber geben. Dazu passt ein
Blattsalat	am besten.

für 1–2 Personen
15 Minuten Zubereitungszeit

Spaghetti mit Lachssahne

für 1–2 Personen
20 Minuten Zubereitungszeit

200 g frisches Lachsfilet, gehäutet	kalt abspülen und in kleine Würfel schneiden.
2 EL Zitronensaft	darüber träufeln und mit
Salz und Pfeffer	würzen.
1 Schalotte	abziehen und fein hacken.
1/2 Bund Basilikum	waschen und die Blättchen abzupfen.
150 g Spaghetti	in Salzwasser nach Packungsaufschrift al dente kochen.
1 EL Butter	in einer Pfanne erhitzen und die Schalotte darin dünsten.
150 g Sahne	angießen und das Ganze 5 Minuten bei kleiner Hitze kochen lassen. Den Lachs darin 3 Minuten ziehen lassen. Die Sauce würzen und die Basilikumblättchen zufügen. Die Nudeln abgießen und die Sauce darüber geben.

Kalbsschnitzel mit Cocktailtomaten

2 dünne Kalbsschnitzel (à ca. 125 g)	mit
Salz und Pfeffer	würzen. Mit
2 EL Pesto	bestreichen. Zusammenrollen und mit Holzzahnstochern zusammenstecken. Die Röllchen in einer Pfanne in
3 EL Olivenöl	von allen Seiten anbraten und zugedeckt 10 Minuten ziehen lassen.
250 g Cocktailtomaten	waschen und halbieren.
1/2 Bund Basilikum	waschen und die Blättchen abzupfen. Basilikum mit den Cocktailtomaten um die Röllchen in die Pfanne legen, mit Salz und Pfeffer würzen und weitere 10 Minuten ziehen lassen.
Baguette	passt am besten dazu. Die Röllchen schmecken auch kalt und lassen sich gut vorbereiten.

für 1–2 Personen
25 Minuten Zubereitungszeit

Schweinefilet mit Ananas

1 Babyananas	vierteln, schälen und das Fruchtfleisch würfeln.
1 Schalotte	abziehen und fein hacken.
250 g Schweinefilet	in Scheiben schneiden.
2 EL Öl	in einer Pfanne erhitzen und das Fleisch darin anbraten, mit
Salz und Pfeffer	sowie
1 Messerspitze Cayennepfeffer	würzen, herausnehmen und beiseite stellen. Schalotte im verbliebenen Fett weich dünsten, Ananas und
1 EL Kokosflocken	zufügen und kurz mitdünsten. Das Fleisch wieder in die Pfanne geben und knapp 10 Minuten zugedeckt mitgaren. Alles abschmecken. Dazu schmeckt
100 g Schnellkochreis	mit
1 TL Currypulver	gegart.

für 1–2 Personen
25 Minuten Zubereitungszeit

Hähnchenbrust in Aprikosen-Senf-Sauce

1 Hähnchenbrustfilet (à 180 g)	in
2 EL Butter	in einer Pfanne rundum anbraten. Mit
Salz und Pfeffer	würzen und zugedeckt etwa 10 Minuten ziehen lassen. Herausnehmen.
2 Aprikosen	waschen, entsteinen, vierteln und klein schneiden. Im verbliebenen Fett dünsten.
3 EL süßen Senf	und
150 g Sahne	unterrühren und 5 Minuten bei kleiner Hitze kochen lassen. Mit Salz, Pfeffer und
1 TL Zitronensaft	würzen. Die Hähnchenbrust aufschneiden und in der Sauce 5 Minuten ziehen lassen. Anrichten und mit
1 TL gehackten Pistazien	bestreuen.
Bandnudeln	passen am besten dazu.

für 1–2 Personen
20 Minuten Zubereitungszeit

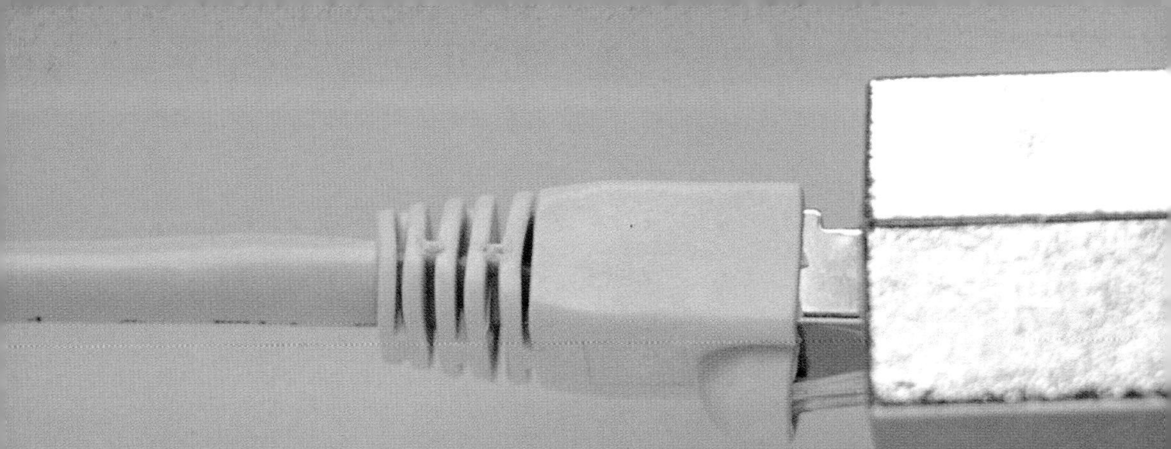

Die Autorin

Cornelia Adam ging nach ihrer Ausbildung als Hotelfachfrau zu Sprachstudien nach England und Frankreich. Anschließend arbeitete sie in der Kochredaktion einer bekannten Frauenzeitschrift erst als Assistentin, dann als Redakteurin. Seit 1986 arbeitet sie als freie Foodjournalistin für bekannte Zeitschriften (z. B. Freundin, ELLE, ELLE Bistro, Bunte, Instyle etc.). Als erfolgreiche Kochbuchautorin hat sie für bekannte Verlage über 50 Kochbücher veröffentlicht, die zum Teil in viele Sprachen übersetzt worden sind. Ihre Stärke sind schnelle Rezepte mit Pep, die auch Anfänger einfach nachkochen können.

Die Fotografin

Verena Böning wurde 1974 in Frankfurt am Main geboren. Nach Abschluss ihres Studiums als Kommunikationsdesignerin war sie zunächst in Werbeagenturen als Art-Direktorin tätig. Seit 2000 ist sie selbstständig. Sie arbeitet vor allem an Buchprojekten, in denen das Zusammenspiel aus Text, Illustration und Fotografie eine zentrale Rolle spielt. Dabei ist sie je nach Projekt sowohl für das Design als auch für die Fotografie und den Text allein verantwortlich. Für ihre Bücher hat sie bereits mehrere Auszeichnungen der Stiftung Buchkunst bekommen (u. a. »Eines der schönsten Bücher aus aller Welt«).
Als Designerin kreiert sie grafische Konzepte für unterschiedliche nationale und internationale Kunden. Darüber hinaus ist sie Mitinhaberin des Modelabels »ei siivo!!«.

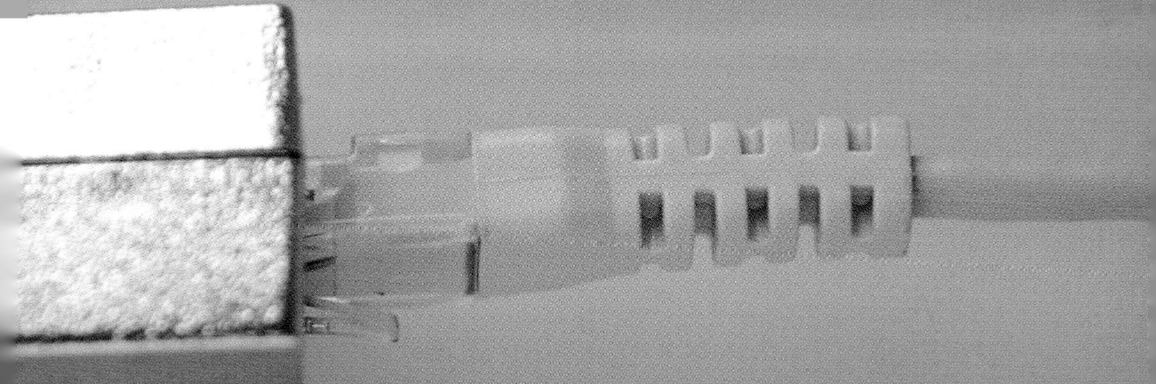

Hinweis
Das vorliegende Buch ist sorgfältig erarbeitet worden. Dennoch erfolgen alle Angaben ohne Gewähr. Weder Autorin noch Verlag können für eventuelle Fehler oder Schäden, die aus den im Buch gegebenen praktischen Hinweisen resultieren, eine Haftung übernehmen.

Impressum
Der Südwest Verlag ist ein Unternehmen der Econ Ullstein List Verlag GmbH & Co. KG, München.

Redaktionsleitung: Susanne Kirstein
Bildredaktion: Sabine Kestler
Umschlag und Layout: Verena Böning
DTP/Satz: Verena Böning
Produktion: Manfred Metzger (Leitung), Annette Aatz, Monika Köhler

Printed in Slovenia

Gedruckt auf chlor- und säurearmem Papier

ISBN 3-517-06553-6

Rezeptregister

P1
C1
J1
1
+
R2
RN1